¿Cómo está el tiempo?

Nellie Wilder

El tiempo está
soleado.

Tengo calor.

El tiempo está
ventoso.

Tengo frío.

El tiempo está lluvioso.

Estoy mojado.

El tiempo está
nevoso.

Estoy **helado**.

El tiempo está
bochornoso.

Tengo mucho calor.

El tiempo está
nublado.

Estoy fresco.

El tiempo está neblinoso.

Estoy **húmedo**.

El tiempo está
tormentoso.

¡Estoy cómoda en mi hogar!

¡Hagamos ciencia!

¿Qué tipos de tiempo puedes observar? ¡Intenta esto!

Qué conseguir

❑ papel y lápiz

Qué hacer

1 Haz un cuadro como este.

Día	Tiempo
lunes	
martes	
miércoles	
jueves	
viernes	

1

2 Sal afuera. ¿Cómo está el tiempo hoy? Escribe o dibuja el tiempo en el cuadro.

Día	Tiempo
lunes	lluvioso
martes	
miércoles	
jueves	
viernes	

2

3 Haz esto todos los días durante dos semanas. ¿Observas algún patrón? ¿Qué predices sobre el tiempo mañana?

Día	Tiempo
lunes	lluvioso
martes	soleado
miércoles	nublado
jueves	
viernes	

3

Glosario

bochornoso: con calor pegajoso

helado: con mucho frío

húmedo: ligeramente mojado

Índice

¡Tu turno!

Sal afuera. Usa todos
tus sentidos para describir
el tiempo.

Asesoras

Sally Creel, Ed.D.
Asesora de currículo

Leann Iacuone, M.A.T., NBCT, ATC
Riverside Unified School District

Jill Tobin
Semifinalista
Maestro del año de California
Burbank Unified School District

Créditos de publicación

Conni Medina, M.A.Ed., *Gerente editorial*
Lee Aucoin, *Directora creativa*
Diana Kenney, M.A.Ed., NBCT, *Editora principal*
Lynette Tanner, *Editora*
Lexa Hoang, *Diseñadora*
Hillary Dunlap, *Editora de fotografía*
Rachelle Cracchiolo, M.S.Ed., *Editora comercial*

Créditos de imágenes: Portada y págs.1, 3, 6, 8, 14 iStock; pág.15 LWA/Getty Images; pág.17 Blend Images/Alamy; págs.18–19 (ilustraciones) Rusty Kinnunen; todas las demás imágenes cortesía de Shutterstock.

Teacher Created Materials
5301 Oceanus Drive
Huntington Beach, CA 92649-1030
http://www.tcmpub.com
ISBN 978-1-4258-4634-3